On Death - Na śmierć
Polish/English Bilingual Edition
Jan Łada
Mark A Ripkowski

On Death – Na śmierć: Polish/English Bilingual Edition
Copyright © JiaHu Books 2017
First Published in Great Britain in 2017 by Jiahu Books – part of Richardson-Prachai Solutions Ltd, 434 Whaddon Way, Bletchley, MK3 7LB
ISBN: 978-1-78435-147-2
Conditions of sale
All rights reserved. You must not circulate this book in any other binding or cover and you must impose the same condition on any acquirer.
A CIP catalogue record for this book is available from the British Library
Visit us at: jiahubooks.co.uk

I	6
II	14
III	24
IV	34
V	44

On Death - Na śmierć
Polish/English Bilingual Edition

I.

Przez tych kilka tygodni było u nas dziwnie duszno i ciężko. Poprostu nieszczęście wisiało w powietrzu: czuło się, jak szło ku nam krok za krokiem. A przecież pobyt nasz w Kijowie nie był od początku ani spokojny, ani wesoły. Od czasu jak Staś siedział w fortecy, mogłem przywyknąć do przestraszonych i wybladłych twarzy, do szeptów po kątach, takich, jak przy chorym lub nieboszczyku, do tłumionych płaczów, o których powód nie wolno mi było pytać. Nie dziwili mnie już nieznajomi, przychodzący do nas ukradkiem o różnych porach dnia i nocy i znikający gdzieś po cichu tylnem wejściem, po tajemniczej naradzie z mamą i panną Felicyą, za zamkniętemi drzwiami salonu lub sypialni. Tyle razy widziałem moją matkę śmiertelnie znużoną i znękaną, gdy wracała z całodziennego biegania po kancelaryach i urzędach, że mnie to już ani przestraszało, ani nawet smuciło, jak dawniej. W ośmiu latach jest się takim egoistą! Teraz jednak było widocznie coś gorszego, niż przedtem. Wszyscy u nas w domu chodzili, jak struci, swoi i obcy. Gdy ktoś nadszedł, zaczynały się szepty, przerywane łzami—ale o co chodziło, nie mogłem się dowiedzieć. Gdy się dopytywałem, zbywano mnie jakimś słabym wykrętem, w który nie wierzyłem.

Raz wreszcie powiedziała mi panna Felicya:

—Staś chory, bardzo chory. Módl się za niego gorąco—może cię Bóg wysłucha.

Modliłem się więc i dlatego, że Stasia kochałem, i dlatego, że ostatecznie nic innego nie miałem do roboty. Nikt na mnie nie zwracał uwagi. Czasem która z pań czarno ubranych, jakich tyle wciąż przychodziło teraz do nas, przycisnęła mnie do piersi, kiwając głową i szepcąc: Biedny, biedny Janiu! Dlaczego jednak ja miałem być biedny, skoro chorym był mój brat—tego nie byłem w stanie zrozumieć. Na prawdę tak bardzo biednym się nie czułem, choćby dlatego, że

I.

During these few weeks it has been strangely stuffy and hard to breathe. Misfortune hung in the air: it felt like it had approached step by step. And our stay in Kiev was, from the beginning, neither quiet nor cheerful. Since the time Staś was in the fortress, I got used to pale and frightened faces, whispers in the corners just like you're near someone sick or deceased and to suppressed cries, whose cause I was not allowed to ask. I was accustomed to strangers coming to us furtively at different times of the day and night and disappearing quietly through the back entrance after having mysterious chats with mother and Miss Felicya, always behind a closed living room or bedroom door. I've seen my mother mortally weary and harassed when returning from a full day of running around courts and offices so many times that I was not frightened or even saddened, like I was before. Having taken eight years already - so selfish! Now, however, it was apparently worse than before. Everyone in our house walked like they were sick or poisoned, both regulars and strangers. When someone came the whispers begun, punctuated with tears - but what it was about, I could not find out. When I inquired, I was ignored with some lazy excuses which I never believed.

Finally Miss Felicya told me:
'Staś is sick, very sick. Pray for him - maybe God will hear you.'
So I prayed not only because I loved Staś but also because I had nothing else to do. No one paid any attention to me. Sometimes one of the ladies, dressed in black, who were visiting us now frequently, pressed me to her breast, nodding and murmuring: 'Poor, poor Jan!' Why is it that I had to be poor, since the patient was my brother - I was not able to understand. Honestly I did not feel poor, if only because

pierwszy raz w życiu mogłem robić, co mi się tylko podobało. W domu cały porządek dnia był przewrócony do góry nogami. Żadnych stałych godzin obiadu i kolacyi, żadnych lekcyi.

Leonia, wyprawna panna służąca mojej matki, a teraz szafarka i zarządczyni naszego miejskiego gospodarstwa, chodziła jak nieprzytomna z opuchłemi oczyma, nie kłócąc się z kucharzem i nie łając pokojówki. Panna Felicya nie robiła mi uwag, że się źle trzymam i nie poprawiała moich francuskich frazesów—kiedy mamy nie było, stała w oknie wyglądając jej i wzdychając—kiedy mama wracała, nie odchodziła od niej ani na chwilę.

Mama przez te dwa tygodnie zmieniła się nie do poznania. Zawsze delikatna i wątła, teraz blada była, jak wosk, a przezroczysta, jak alabaster, oczy tylko paliły się zapadłe głęboko, błędne, napół przytomne, niby gromnice.

Wchodząc, rzucała najczęściej pannie Felicyi i Leonii, biegnącym na jej spotkanie, jedno słowo, jakby wydarte z gardła: „Daremne, wszystko daremne", i szła wraz z niemi, słaniając się do domowego ołtarzyka, przy którym długie godziny spędzała, klęcząc lub leżąc pod krzyżem.

Czasem, gdy mnie zobaczyła, chwytała gwałtownie, tuląc do piersi i okrywając głowę pocałunkami, które mnie paliły jak ogień.

—Dziecko moje, szeptała, dziecko nieszczęsne, ostatnie... Ty już jeden... Ty mi tylko zostajesz. Ojciec w grobie a brat, Staś mój, najdroższy, rodzony, syn mój... O Jezu, Jezu, Jezu!

I potem odtrącała mnie namiętnym ruchem.

—Nie, ty mi go nie zastąpisz, nigdy, nigdy!

Raz wreszcie wieczorem wpadł wuj Ksawery.

Lubiłem go bardzo i cieszyłem się, ile razy przychodził, bo niedość, że miał zawsze dla mnie cukierki i jabłka po kieszeniach, ale i zapas dykteryjek, konceptów i figlów takich, jak nikt, i nietylko mnie umiał zabawić ale nawet Leoncia wiecznie nadąsana,

the first time in my life I could do just what I wanted. At home the whole order of the day was turned upside down. No regular hours of dinner or supper, no lessons. Leonia, my mother's wardrobe maid and now the dispenser and the administrator of our urban farm, was walking as if she was unconscious, with swollen eyes, not arguing with the cook and not scolding the maid. Miss Felicya did not make any comments to the fact that I held myself badly and did not improve my French phrases - when mother was not around, she would be looking out the window and sighing – and when mother came back, she never left her alone for even a moment.

Mother has changed beyond recognition over these two weeks. Always delicate and frail, she was now as pale as wax and transparent like alabaster, her sunken eyes just burned with a weak fire, half-conscious, like candles in church.

On entering most often she just threw one word to Miss Felicya and Leonia running to meet her, as if it was torn from her throat: 'Futile, all in vain' and she went with them staggering to the home altar, where she spent long hours, kneeling or lying near the cross.

Sometimes, when she saw me, she would grasp me rapidly, clinging my head to her chest and covering it with kisses that burned me like fire.

'My child,' she whispered 'miserable child, the last one... You are the only one who is left. Father is in grave and your brother, my Staś, my dearest, my generated, my son... Oh Jesus, Jesus, Jesus!'

And then she rejected me with passionate movement.

'No, you will not take him from me, never, never!'

One evening finally came uncle Ksawery.

I liked him very much and was happy every time he came not only because he had candies and apples in his pockets for me but also he had a supply of anecdotes, concepts and tricks and he could entertain not only me but even permanently sulky Leoncia, who

rozchmurzała się, gdy przychodził, nawet panna Felicya przestawała gderać i mama, zamyślona zawsze i smutna, uśmiechała się na jego widok.

Istotnie, gdzie się zjawił ze swoją wielką łysiną i nasztorcowanymi wąsikami, wchodziło z nim, jeżeli nie wesele, bo w tych czasach trudno o nie było, to przynajmniej chwilowe uspokojenie i zapomnienie o gniotących troskach.

Tym razem jednak wuj Ksawery posępny był, jak noc. Otworzył drzwi pocichu i zatrzymał się na progu, oglądając się w około.

—Kazi niema?—szepnął.

Panna Felicya podbiegła ku niemu przestraszona.

—Co się stało?—zawołała.

—Kazia nie wróciła?—powtórzył.

—Nie, jeszcze jej nie ma. Ale na miłość Boga, coś jest, pan coś wie? Mówże pan prędzej!

Przedpokój był wielki i ciemny, tylko mała lampka migotała w kącie. Przytuliłem się do ściany cichutko, nasłuchując i zapierając oddech w piersiach, żeby się nie zdradzić, że tu jestem i słyszę.

Wuj Ksawery milczał przez chwilę, jakby mu brakło oddechu, Wreszcie rękami rozwiódł i wyjęknął:

—Nieszczęście!

Panna Felicya chwyciła go za ramiona.

—Jezus Marya—krzyknęła—już?

Wuj pochylił się ku niej i powiedział coś stłumionym głosem, czego nie mogłem dosłyszeć. Odbiły się o moje uszy dwa razy tylko:

—Podpisany... Pojutrze...

Panna Felicya stała przez chwilę, jak skamieniała, zakrywszy twarz rękami.

—A ja nie wierzyłam, spodziewałam się— szepnęła—a teraz.., I nic już, żadnej rady, żadnego ratunku?

Wuj poruszył głową.

cheered up when he came. Even Miss Felicya used to stop grumbling and mother, always pensive and sad, smiled at the sight of him.
Indeed, when he appeared with his great baldness and protruding moustache, there come, if not joy because there was difficult to be joyful in those days, at least temporary calmness and forgetfulness of our heavy worries.
This time, however uncle Ksawery was as dark as the night. He opened the door quietly and stopped in the doorway, looking around.
'Isn't Kazia here?' he whispered.
Miss Felicya ran toward him, frightened.
'What happened?' she exclaimed.
'Didn't Kazia come back?' he repeated.
'Not yet. But for the God's sake is there something you know? Speak up already!'
The hallway was big and dark; only a small light flickered in the corner. I hugged the wall quietly, listening and holding my breath to not reveal the fact that I was there and could hear.
Uncle Ksawery was silent for a moment as if he was short of breath. Finally he spread his hands and groaned:
'Misery!'
Miss Felicya held his arms.
'Jesus, Mary' she screamed, 'already?'
Uncle leaned toward her and said something in a muffled voice, something I could not hear. I managed to understand a couple of words:
'Signed... The day after tomorrow...'
Miss Felicya stood petrified for a while, covering her face with her hands.
'So I did not believe it nor expect it' she whispered, 'and now.. there is nothing, no advice, no help?'
Uncle shook his head.

—Czegóż się nie robiło?—rzekł powoli, bezdźwięcznym głosem. I tu, i w Petersburgu. Od czasu przecie, jak w jego sprawie zaszła ta nieszczęsna komplikacya, poruszyliśmy wszystkie sprężyny. Sam myślałem, że uda się—tymczasem...
—Biedna, biedna matka—szepnęła panna Felicya.
Stali teraz przy sobie, milcząc. W sąsiednim pokoju słychać było miarowy stukot ściennego zegara. W tej ciszy zrobiło mi się bardzo straszno i doznałem takiego uczucia, jakby tych dwoje ludzi nieruchomych i milczących, było parą ludzi umarłych. Chciało mi się płakać... ale się wstrzymałem z wielkim wysiłkiem.

Tymczasem wuj Ksawery zbliżył się do panny Felicyi tak, że ich głowy prawie się dotykały i zaczął jej coś mówić prędko i cicho. Nie mogłem nic prawie dosłyszeć. Tu i owdzie tylko jakieś pojedyncze słowo dochodziło do mnie. Panna Felicya słuchała ż gorączkowem zaciekawieniem.

—Więc jutro rano, prawda?—szepnęła. I księżna z pewnością?..
—Z wszelką pewnością... Tylko Kazia... żeby przedtem nie wiedziała... Wszystko od tego ostatniego kroku zawisło, a niechby siły nie dopisały... Niech więc nie wie...
—Któżby jej powiedział?—oburzyła się na- raz panna Felicya. O to proszę być spokojnym; zresztą i tak nikt...
—W mieście wszyscy wiedzą już, rzekł wuj. Jutro w kościele co żyje...
Panna Felicya zalała się łzami.
—Tak, to jedno zostało, szepnęła urywanym głosem;—jeden Bóg!
Weszli do salonu, a ja w tejże chwili, drugiemi drzwiami wpadłem do Leonci, zajętej jakąś robotą w sypialni.
Musiałem być bardzo zmieniony na twarzy, bo Leoncia mimo swojej fluksyi i przygnębienia, zwróciła na mnie uwagę.

'What didn't we do?' he said slowly, in soundless voice. 'Here and in St. Petersburg. Since his case brought up this unfortunate complication, we did all we could think of. I thought by myself that it will go well but in the meantime...'
'Poor, poor mother' Miss Felicya whispered.
They stood now in silence. In the next room you could hear steady sound of the clock. I felt very frightened in the silence and I had a feeling as if these two people, unmoved and silent, were dead. I wanted to cry... but I held it back with great effort.

Meanwhile uncle Ksawery came so close to Miss Felicya that their heads were almost touching and he began to say something, quickly and quietly. I could hardly hear anything. Every once in a while I caught the odd word. Miss Felicya listened with feverish curiosity.
'So tomorrow morning, right?' she whispered. 'And the Duchess certainly could not..?'
'Absolutely not. We just do not want Kazia to know that before... Everything depends on this final step and if something went wrong... So do not let her know...'
'Who would tell her,' Miss Felicya said indignantly. 'You can be sure that no one...'
'Everyone in town already knows,' uncle said. 'Tomorrow in church everything that is alive...'
Miss Felicya burst into tears.
'Yes, this is the only thing that is left,' she whispered in a broken voice. 'One God!'
They went into the living room and at that moment I came through another door to Leoncia, who was busy with some work in the bedroom.
My face clearly has changed because despite her illness and depression, Leoncia noticed me.

—Co ci jest, Janku? spytała, odwracając głowę od szycia; przestraszyłeś się czego, czy co?

—Leonciu,—zacząłem, dławiąc się.—Leonciu... coś złego... panna Felicya... wuj Ksawery...

I wybuchnąłem płaczem.

Leonia uderzyła w dłonie.

—Matko najświętsza,—krzyknęła—pewnie nasz Staś...

I wybiegła do salonu.

Tego wieczora nie widziałem już ani Leonci, ani panny Felicyi, ani mamy. Horpyna, pokojówka, rozebrała mnie i została przy mojem łóżku, pókim nie zasnął, opowiadając mi bajki. Opowiadała je bardzo pięknie i była to dla mnie największa nagroda, gdy mi pozwalano jej słuchać; tym razem jednak nie słyszałem ani słowa. Czułem, że coś strasznego się stało, nie wiedziałem tylko co. Ale to wiedziałem, że chodziło o Stasia.

II.

Ubierałem się na drugi dzień sam jeden w pokoju, nie widząc żywej duszy od rana, kiedy mnie naraz uderzył turkot powozu, zatrzymującego się przed domem.

Uliczka, przy której mieszkaliśmy, była ustronną i mało zaludnioną. Wśród ogradzających ją parkanów, rzadko kiedy wóz się przesunął—rzadziej jeszcze przejeżdżał zwoszczyk. 0 powozach nie było mowy. Tem bardziej mnie zajął wspaniały ekwipaż z liberyjną służbą, stojący przed gankiem. Wybiegłem do przedpokoju. Panna Felicya spotykała tam właśnie i prowadziła do salonu starszą damę, w której poznałem księżnę. Widywałem ją nieraz, ale zawsze piechotą i w czerni. Obecnie uderzył mnie przedewszystkiem strój jej, dla oka przywykłego do żałoby niezwykły;

'What is it, Janek?' she asked, turning her head away from sewing. 'Are you scared or what?'
'Leoncia,' I started, gasping. 'Leoncia...something bad...Miss Felicya...Uncle Ksawery...'
I burst into tears.
Leoncia clapped her hands.
'The Holy Mother,' she cried, 'probably our Staś...'
And she ran into the living room.
That evening I did not see Leoncia or Miss Felicya or mother.
Horpyna, the maid, undressed me and stayed by my bed until I fell asleep, telling me stories. She told them in a very beautiful voice and to me it was the greatest reward when I was allowed to listen to her; but this time I did not want to hear even a word.
I felt that something terrible happened I just did not know what. But I knew that it was about Staś.

II.

The next day I still hadn't seen anyone since the night before and was getting dressed alone in my room, when suddenly I was hit by the rumble of a carriage stopping in front of the house.
The street on which we lived was secluded and lightly populated. Among the fences surrounding the alley hardly any cart ever moved – even more rarely a walking person passed. There was almost no way to see a real carriage. This made me all the more I interested in the magnificent carriage with its liveried servants which was standing in front of the porch. I ran into the hall. Miss Felicya was just meeting an old lady, who I recognized as the Duchess, and leading her into the living room. I have seen her more than once before but always on foot and in black. Today I was struck by her dress for eyes accustomed to

suknia popielata i fioletowe kwiaty u kapelusza. Przypomniałem sobie w tej chwili kolorowe kokardy i wstążki, któremi kilkakrotnie panna Felicya ubierała mojej matce jej czarne ubranie. Poznawałem po tem zawsze, że mama jedzie na audyencyę do generała gubernatora. Oczywiście musiała tam jechać teraz księżna.

Przez kilka minut z salonu i sypialni słychać było gwar urywanej rozmowy i posuwanych sprzętów. Wreszcie drzwi się otwarły i mama wyszła do przedpokoju, oparta na ramieniu księżnej, jeszcze bledsza i bardziej osłabiona, niż zwykle. Panna Felicya biegła za nią, przytrzymując ją i upinając szpilkami fioletową szarfę dokoła czarnego kapelusza.

—Jeszcze chwilka—wołała zadyszana.—Trzeba przecie, żeby leżało porządnie. Gotowe się rozpiąć a wtedy powiedzą, że pani umyślnie w żałobie przyjechała.

Księżna spojrzała na zegarek.

—Mamy dosyć czasu—rzekła.—Generałowa nie siada do śniadania przed dziesiątą, a właśnie w tym momencie chcę ją uchwycić.

Moja matka stała nieruchoma i obojętna, jakby nie słysząc i nie widząc, co się z nią dzieje. Panna Felicya krzątała się koło niej, wspinając na palce swoją maleńką figurkę i podskakując swoim zwyczajem. Skończyła wreszcie, wiążąc wstążki od kapelusza w kokardę u szyi.

—No, teraz będzie się trzymać—rzekła, odstępując.

Mama koniec wstążki podniosła zwolna do oczu, a potem skręciła ją w ręku nerwowym ruchem.

—I pomyśleć—rzekła do księżnej głuchym rozbitym głosem—że tam moje dziecko w kaźni, w nędzy, w oczekiwaniu śmierci, a tu w sercu ból i strach, i rozpacz, że trzeba iść do nich, do tych... czołgać się przed nimi o litość, o łaskę, o życie... i do tego wszystkiego brać na siebie kolorowe kokardy.

the black of mourning it was unusual, the dress was grey and she had purple flowers on her hat. At that moment I recalled the colourful bows and ribbons which Miss Felicya put on my mother's black dress several times. I finally realised that mother was going for an audience at the Governor General. Obviously now the Duchess had to go there. After a few minutes of waiting you could hear the hum of conversation and moving equipment. Finally, the door opened and my mother went out into the hall, leaning on the shoulder of the Duchess, paler and weaker than usual. Miss Felicya was behind her, holding her and pinning a purple sash on her black hat.

'Just a minute,' she called breathlessly. 'It has to sit just right. It could unzip and then people would say that you came in mourning on purpose.'
The Duchess looked at the clock.
'We have enough time' she said. 'The general's wife is not used to sitting down to breakfast before ten o'clock and this is when I would like to see her.'
My mother stood still and indifferent as if not hearing and not seeing what was happening around her. Miss Felicya was bustling around her, climbing on her toes with her petite figure and bouncing around. Finally she finished her work by tying the hat's ribbons in a bow around mother's neck.
'Well, now it will stay in place' she said, moving back.
Mother lifted the end of the ribbon into her eyes slowly and then turned it in hand nervously.
'Just to think' she told to the Duchess with hollow, broken voice. 'That somewhere my child is in torment, misery, waiting for death and in my heart I feel pain and fear and despair and I have to go to them, to those...to grovel before them for mercy, for grace, for life...and to do all of this I have to wear colourful bows!'

—Pomyśl pani, że to dla niego, dla ratunku syna—szepnęła księżna, obejmując i przyciskając do siebie moją matkę.

—Dla Stasia, dla naszego chłopca drogiego—dodała panna Felicya, nachylając się do jej ręki.

Drzwi się zamknęły. Przez chwilę słyszałem kroki na schodach, potem z ulicy doleciał trzask zamykających się drzwiczek i głuchy turkot karety po błotnistej ulicy. Potem zrobiło się cicho. Otworzyłem drzwi, chcąc wejść do jadalni, kiedy mnie zawrócił głos panny Felicyi. Spojrzałem na nią. Siedziała w kącie przedpokoju, z rękami opuszczonemi bezwładnie, z szklanemi, nieruchomemi oczyma. Ona, taka żywa i kręcąca się bez wytchnienia! Jej ospowata twarz o twardych i nieregularnych rysach wyglądała brzydziej, niż zwykle. Nos poczerwieniał i zaostrzył się, głowa się trzęsła, jak u staruszki, i zwolna, tocząc się jedna za drugą, spływały po żółtych policzkach wielkie łzy.

Nie mogę powiedzieć, żebym ją lubił. Nie byłem wówczas w stanie ocenić ani jej przywiązania do nas wszystkich, ani tych gruntownych cnót, które u poczciwej starej panny, od trzydziestu lat należącej do naszej rodziny, ukrywały się pod powłoką wpadających w oczy słabostek i dziwactw. Widziałem tylko tę powłokę odstręczającą nieraz, a zawsze prawie śmieszną i pamiętałem dobrze, że dla mnie panna Felicya była kodeksem przyzwoitości, prostego trzymania się i dobrych manier i że myśl o niej łączyła się koniecznie z myślą o gderaniu, o gramatycznych regułach Noela i Chapsala i o szaliku, owijanym mi na szyi w najgorętsze dni letnie. Teraz jednak podbiegłem do niej i przytuliłem głowę, obejmując ją serdecznie rękami, tak jak to czyniłem z mamą.

—Co pannie Felicyi jest?—zawołałem.—Czego panna Felicya płacze? Ona mnie z niezwykłą u niej czułością przycisnęła do serca.

—Czemu?—odpowiedziała przez łzy;—czemu? Ach, bodajbyś zbyt prędko nie dowiedział się o tem

'Think, my lady, that this is for him, to rescue your son' the Duchess whispered, hugging my mother and holding her tightly.
'For Staś, for our dear boy' added Miss Felicya.
The door closed. For a while I heard footsteps on the stairs then the crash of door closing and the deep rumble of the carriage riding on the muddy street. Then it went quiet. I opened the door wishing to go to the dining room when the voice of Miss Felicya made me turn back.

I looked at her. She was sitting in the corner of the hall with her hands limply lowered and with motionless glassy eyes. Her, usually so lively and active and without need of a rest! Her pockmarked face with hard and her plain features looked uglier than usual. Her nose turned red and sharpened and her head was shaking like an old woman's head and slowly, one after the other, on her yellow cheeks big tears began to appear.

I cannot say that I liked her. I was not able that time to evaluate her attachment to us at all, nor could I understand the profound virtues of spinsterhood, living for thirty years with our family, or what was hiding under the obvious weaknesses and quirks. I just saw this sometimes repulsive and almost always funny shell and I remembered well that for me Miss Felicya was a guardian of decency, keeping straight and good manners and the thought of her was necessarily connected with methodical, conservative rules of the winter religious holidays and wrapping a scarf around my neck on the hottest days of the summer. Right now, however I ran into her and hugged her and embraced her with my hands, as warmly as I used to do with my mother.

'What is it, Miss Felicya?' I cried. 'Why are you crying?'
She pressed me towards her heart with extraordinary, for her, sensitivity.
'Why?' she replied, through the tears. 'Why? Ah, do not learn too

biedny, biedny mój chłopcze! Znowu więc miałem być biedny! Dlaczego?

—Czy może Stasiowi gorzej?—zapytałem. Panna Felicya zakryła twarz rękami.

—Gorzej, o wiele gorzej,—rzekła przytłumionym głosem,—Nawet całkiem źle. Módl się za niego, Janiu. Bóg czasem wysłuchuje dziecinne modlitwy. Albo chodź ze mną, pójdziemy do kościoła.

Wyszliśmy za chwilę. W kościele modliło się mnóstwo osób, prawie jak w niedzielę. Przed ołtarzem Matki Bożej po prawej stronie aż czarno było, tyle pań w żałobie klęczało obok siebie lub leżało krzyżem. Trzymając mnie za rękę, podeszła tam panna Felicya.

—Klęknij Janiu i módl się, módl się bardzo gorąco za biednego Stasia. Mówiąc to, upadła na kolana, a za chwilę z jękiem głuchym rozciągnęła ręce i położyła się krzyżem na zimnej i wilgotnej posadzce. Przed ołtarzem Bogarodzicy kończyła się właśnie wotywa. Ksiądz Osmólski ją odprawiał, ten sam, o którym słyszałem, że spowiadał więźniów w fortecy i skazanych odprowadzał na śmierć. Był to młody ksiądz, szkolny kolega Stasia. Mama lubiła go bardzo, mogła z nim mówić o synu. Bywał też u niej często i niejeden wieczór zimowy przeszedł mi na słuchaniu jego pełnego, metalowego głosu, który mi brzmiał w uszach, jak muzyka.

Dziś głos mu nie dopisywał. Urywał się i słabł co chwila, przy *Ite missa est* całkiem uwiązł w gardle. Twarz miał też zmienioną i bladą. Dziwna rzecz zresztą: to samo widziałem u wszystkich znajomych osób, będących w kościele, a było ich bardzo wiele, prawie wszyscy, i wszyscy jacyś zmieszani, niespokojni i smutni. Co chwila któraś z pań, podchodząc ściskała mnie, pytała z cicha o mamę i przykładając chustkę do

soon my poor boy!'
Once again I was the one to be poor! Why?
'Is Staś getting worse?' I asked. Miss Felicya covered her face with her hands.
'Worse, much worse' she said with hushed voice. 'Very bad even. Pray for him, Jan. Sometimes God answers the prays of a child. Or come with me, we will go to the church.'
We went out for a while. In the church a lot of people had been praying, almost like a Sunday. Before the altar of Our Lady on the right side it was almost black because of all the ladies in mourning, kneeling next to each other or lying on the floor, face down. Miss Felicya went there, holding my hand.
'Kneel, Jan, and pray very strongly for poor Staś.'
As she was saying this she got on her knees and a moment later with a dull groan she stretched her hands and lay down on the cold, damp floor.
Before the altar of the Mother of God the votive mass was just ending. Priest Osmólski was celebrating it, the same person who took the confessions of prisoners in the fortress and escorted the sentenced to their death. He was a young priest, a classmate with Staś. Mum liked him very much, as she could speak with him about her son. He often visited and I have spent many winter evenings listening to his full, metallic voice, which sounded like music to my ears.
Today his voice did not fare well. It broke off and weakened frequently and at the time of '*ite missa est*' it got stuck in his throat. The priest's face was pale and somewhat changed as well. This was a strange thing indeed: I have seen the same thing on all the familiar people who were in the church and there were very many, almost everyone, and all of them were somehow confused, anxious and sad. Every now and then one of the ladies would come, grab me by the shoulder, softly asking about my mum and then apply a handkerchief

oczu, klękała z boku. Ciotka Aniela, siostra mamy, łkała, schylona ku ziemi. Stryjenka Zygmuntowa leżała krzyżem obok panny Felicyi, a tuż przy ołtarzu, w jej ruchomem mechanicznem krześle zobaczyłem z prawdziwem zdumieniem babcię Justynę, najstarszą w naszej rodzinie, sparaliżowaną, ślepą i głuchą, nigdy prawie nie opuszczającą mieszkania.

Ostatnia ewangelia skończyła się tymczasem. Ksiądz ukląkł na stopniach ołtarza. W kościele zrobiło się bardzo cicho, wszystkie oczy zwróciły się ku ołtarzowi.

—Pomódlmy się na intencyę Bogu wiadomą. Prośmy Matkę Najświętszą...

Słowa się urwały i znów było cicho przez chwilę. Naraz od tylnych ławek rozległ się głośny jęk i płacz i w tejże chwili kościół cały zatrząsł się od łkania. Jak iskra, gdy padnie niespodzianie na wysuszony a palny materyał, wybucha ogromnym płomieniem i odrazu morzem ogni rozlewa się dokoła, tak i z tych serc wielu obciążonych i smutnych, pełnych goryczy i trwogi, wylało się na zewnątrz to wszystko w jednej chwili, co w nich się kryło cierpienia i żalu. Ale w tych czasach cierpieć było wolno, ale nie wolno było cierpienia wyjawiać i skarżyć się na nie. Ksiądz Osmólski zerwał się szybko i zwracając się ku płaczącemu tłumowi, zawołał gromkim głosem:

—Cicho, na miłość Boga, cicho!

A potem dobywając wszystkich sił po nad ten huragan jęków i krzyków boleści, pełną piersią zaintonował:

—Pod Twoją obronę!

I zrobiła się rzecz dziwna. Jęk nie ustał, płacz nie zmilczał, ale i jęk i płacz przeszedł odrazu w śpiew i modlitwę, zlał się z potężnym głosem organu i popłynął w górę nutą kościelnej pieśni. Tylko, że ta pieśń inną była, niż zwykle. Drgały w niej wszystkie łzy, bardzo długo wtłaczane w głąb duszy przez ten tłum w żałobie; dźwięczał ból bezbrzeżny, jak bezmierną była niedola tych ludzi, dźwięczała skarga

to their eyes and kneel at our side. Aunt Angela, mother's sister, sobbed bent to the ground. Zygmunt's aunt lay next to Miss Felicya right by the altar and in her mechanical moving chair I saw, with genuine astonishment, my grandmother Justyna, the oldest in our family, paralysed, blind and deaf, almost never outside her apartment. Meanwhile the last gospel ended. The priest knelt on the steps of the altar. The church became very quiet, all eyes turned towards the altar.
'Let us pray on the intent known to God. We beg the Blessed Mother...'
The words stopped and again it was quiet for a brief moment. Suddenly, from the back benches came a loud moan and a cry and at that precise moment the whole church shook from sobbing. It was like when a spark suddenly falls on dried and flammable material, exploding with huge flames and fireworks, spreading immediately. At the same moment the hearts of those present, many of them burdened and sad, full of bitterness and fear, spilled over with suffering and grief. But in those days it was proper to suffer but not to show it and certainly not to complain. Priest Osmólski jumped quickly on his feet and turned to the crowd, crying loudly:
'Quiet for the love of God, quiet!'
And then drawing out all his strength over the hurricane of moans and screams of pain, in full breath he intoned:
'We submit ourselves to you.'
And then a strange thing happened. The groans didn't stop, the sobbing didn't go silent but both immediately turned into songs and prayers and got merged with the powerful voice of the pipe organs and sailed around the church as a song. Only that this song was different to the norm. All the tears twitched, pressed deep into the souls of people in the mourning crowd. A boundless cry of pain described how immense their misery was; complaints rang

bez nadziei na ziemi i prośba o litość, o zmiłowanie, o kroplę rosy niebieskiej dla ust spalonych cierpieniem i serc wyschłych z tęsknoty. „Pod Twoją obronę..." I wyciągały się ręce, i podnosiły się oczy pełne łez ku temu niebu, w którem jedyna była ucieczka i otucha, skoro wszystko zawiodło na ziemi. I te wszystkie serca obciążone i smutne chyliły się w proch przed Tą, którą zwały swą „Panią" i z ust drgających bólem, szło wołanie pokorne a gorące „Prośbami naszemi nie racz gardzić w potrzebach naszych". Ach, te potrzeby były tak wielkie, prośby tak naglące, nędze tak nieznośne, a Ta, do której się zwracały oczy, usta i serca, wszak była Orędowniczką, wszak była Pocieszycielką, wszak od tylu wieków była Królową tego ludu! Wiele lat przeszło od tej chwili. Życie zgięło mnie ku ziemi i zahartowało serce. Szron jesieni padł na kwiaty mej młodości i na wspomnienia lat dziecinnych, warząc jedne, zmiatając inne bez śladu. Widziałem cierpienie i ludzi, co z cierpienia umierali, patrzałem na konwulsye konających, słyszałem jęki rannych. Żaden odgłos ziemi nie zagłuszył w mej pamięci hymnu słyszanego w kijowskim kościele, w tym dniu pamiętnym, posępnym i ciemnym jak ten, który miał przyjść po nim.

III.

Wracając do domu, spotkaliśmy na schodach Leoncię.
Panna Felicya rzuciła się do niej.
—I cóż, zawołała, czy pani przyjechała?
Leoncia nie odpowiedziała nic. Chwyciła pannę Felicyę za ramiona i popchnęła ją do jadalni; potem w kącie, pod oknem, urywanym głosem zaczęła jej coś mówić. Słyszałem tylko wykrzykniki panny Felicyi:
—Jezu miłosierny! Jutro! I nawet widzieć się z nim nie dają! Nawet matce syna pożegnać! O, nieszczęście! O Boże, Boże!

without the slightest hope for help; and wishes for mercy, for a drop of heaven for their lips burned by suffering and hearts dry with longing were all that remained. 'We submit ourselves to you...' And hands reached up, eyes filled with tears lifted to heaven, where the only refuge and consolation was available, since everything on earth had failed. And all those hearts, burdened and sad, bowed before Her, the Lady, and from mouths twitching with pain the cry went, humble and hot, 'do not despise our requests and entreaties'. And these needs were so great, so urgent were these requests, so unbearable the miseries, and She, to whom the eyes, mouths and hearts were drawn, after all was the Advocate, She was the Comfort for so many centuries. She was the Queen for these people!

Many years passed in that moment. Life bent me to the ground and hardened my heart. The frost of autumn flowers fell on my youth and my childhood memories, some petrified, some swept out without a trace. I saw suffering and people who died of suffering, I saw the convulsions of the dying, I heard the moaning of the wounded. No earthly sound could eclipse in my memory the anthem I heard in that Kiev church on that day, a memorable, gloomy and dark day, just like the one that was to come tomorrow.

III.

When we returned home we met Leoncia on the stairs.
Miss Felicya threw herself at her.
'And so' she said, 'you came?'
Leoncia did not answer. She grabbed Miss Felicya by the shoulders and pushed her into the dining room. Then in the corner beside the window her broken voice began to speak. I only heard Miss Felicya's exclamations:
'Merciful Jesus! Tomorrow! We even weren't allowed to see him! Even his mother can't say goodbye to her son! Oh, misery! Oh, God, God!'

Wreszcie Leoncia skończyła. Wtedy obie kobiety wybuchły głośnym płaczem i rzuciły się sobie w objęcia. Ale panna Felicya w tejże chwili przytłumiła łkanie.

—Ciszej, na Boga, szepnęła; pani marszałkowa gotowa posłyszeć. Leoncia potrząsła głową i ręką.

—Pani marszałkowa jest w sypialnym pokoju. Przy niej ksiądz prałat i pani podkomorzyna. Stąd nie słychać. A zresztą wszystko jedno. Wie o wszystkiem.

—I o tem, że jej syna nie dadzą pożegnać?

—I o tem.

—I jakże to stało się? Czy słyszałaś?

Księżna opowiedziała. Przyjechali, powiada, do pałacu—księżna, że to ma wstęp wolny do tej moskiewicy, więc z naszą panią prosto do jej pokojów, bez anonsowania, boby pewnie nie przyjęła. Generałowa, słyszę, zmieszała się okropnie. Pani Marszałkowej coś tam bąkała niewyraźnie, a potem księżnę bierze na stronę. „Daremnoś, mówi, i mnie i tej nieszczęśliwej zrobiła przykrość. Rzecz skończona. Mój mąż wczoraj wieczorem wyrok wojennego sądu potwierdził. Mnie jeszcze przedtem, kiedy księżna w tej sprawie przyjeżdżałaś do mnie, zakazał do tego się mieszać. Możeby i chciał co zrobić, ale nie może. On nie cesarz—sam się obawia"... Księżna się pyta: „A gdyby do niego jeszcze szturm przypuścić? Toż to matka—toż jej o życie dziecka chodzi!" Moskiewica na to: nie i nie. Aż wreszcie rozpłakała się. „Osądź sama, mówi; jaż przecie nie z kamienia, mnie żal i serce boli, jak patrzę na tę nieszczęśliwą, ale cóż zrobić, cóż zrobić? Nieszczęście! Rady żadnej. Jedno chyba wam już uczynię, choć mąż będzie na mnie wściekły za to: puszczę was do jego kancelaryi przez moje apartamenta. Nie pomoże to, wiem, ale niech choć nic wam na sumieniu nie zostanie". Tak i zrobiła.

Leoncia finally finished. Then the two women broke into tears and fell into each other's arms. But Miss Felicya stopped her sobbing. 'Quiet, in the name of God,' she whispered. 'The Marshall's wife could hear us!'
Leoncia waved her head and hand.
'Lady Marshal's in the sleeping room with her priest and the Chamberlain's wife. They can't hear us from there. And besides, it doesn't matter. She knows.'
'That she is not even allowed to say goodbye to her son?'
'Even that.'
'And how did this happen? Do you know?'
The Duchess told her the story. 'They went,' she said, 'to the palace. Then Duchess said that she was allowed in, so they could come with our lady straight to her room, without announcements, as she probably wouldn't be received.' The general's wife's conversation was terrible. She said something vague to the Marshal's wife and then took the Duchess to the side. 'Pointlessly,' the general's wife continued, 'he hurt me, she said. I feel so sorry for her. Everything is over. My husband confirmed the judgement of the martial court last night. Even when you used to come to see me about this, dear Duchess, he forbade me to act. Maybe he wants to do something, but he can't. He's not the Emperor, he's afraid himself...' The Duchess asked 'What if someone were to launch an assault? She is the mother – she only cares about her child's life!' The general's wife answered: 'no and no.' And finally she burst into tears. 'Judge for yourself,' she says 'I'm not made of stone, my grief and my heart hurt when I look at this unfortunate woman, but what to do, what to do? Such terrible luck! I have no advice for her. One thing I can do but my husband will be mad at me for it: I will let you into his study through my apartment. It will not help you, I know it, but it will clear your conscience.' And that she did.'

—Więc pani widziała generała?
—A jakże. Widziała. Uklękła przed nim, ona, taka wobec nich dumna. Ale czegóż matka dla dziecka nie zrobi? Księżna mówi, że on był, jak z lodu. Grzeczny, zimny, obojętny, jakby to nie o życie ludzkie chodziło. O przeklęty! Bodajby... Panna Felicya zakryła jej usta dłonią.
—Cicho, Leonciu, uspokój się, nie przeklinaj, bój się Boga! Mów dalej. Cóż generał?
—A cóż? Podniósł panią, posadził, wody kazał podać i bardzo grzecznie powiedział, że nie zrobi nic, ale to nic zgoła. Ten zwierz w ludzkiej postaci, kat w białych rękawiczkach! I Pan Bóg patrzy na to!
Panna Felicya przerwała jej znowu.
—Leonciu, nie bluźnij. Nie dodawaj grzechu do nieszczęścia. Wola Boża. Więc i widzieć się nie pozwolił?
Leoncia wstrząsnęła głową.
—Nie mogę, mówi, mam rozkaz wyraźny. Potem powiada—słyszy pani tego łotra, tego szatana!—widzenie z nim oddziałałoby zgubnie na zdrowie pani, a jemu odebrałoby spokój i rezygnacyę, tak potrzebną w jego położeniu. Uważa pani, panno Felicyo? On dba o zdrowie naszej pani, o spokój naszego Stasia... O Jezu, Jezu!
Panna Felicya pochyliła głowę w milczeniu.
—Kto wie—szepnęła—może było w tem jednak trochę słuszności.
Leoncia oburzyła się.
—Będzie im panna Felicya jeszcze słuszność przyznawać—zawołała.—A jak Stasia naszego nie stanie, a naszej pani—o Matko Najświętsza—nie dadzą go choć raz jeszcze przed śmiercią zobaczyć, pożegnać, to co wtedy będzie? Czy nie będzie to ją do końca życia gryźć i szarpać, że jej tego nie pozwolili zrobić?
—Prawda—szepnęła spuszczając głowę panna Felicya—straszna prawda...

'So you met the General?'
'Yes. She knelt in front of him; and she used to be so proud. But what wouldn't a child's mother do?' The Duchess said. 'He was like ice. Polite, cold, indifferent as if it was not a matter of life and death. Oh, be cursed!'
Miss Felicya covered her mouth with her hand.
'Quiet, Leoncia, calm down, do not curse and fear God! Go on. Well, what happened with the General?'
'What do you think? He picked the Lady up, sat her down, ordered her some water and very politely said that he will not do anything, nothing. This beast in human form, the executioner with white gloves! And the Lord God looks at it!'
Miss Felicya interrupted her again.
'Leoncia, do not blaspheme. Do not add sin to the misery. It is the will of God. So another meeting is impossible?'
Leoncia shook his head.
'I can not, he said, I have orders.'
Then she said - 'See the villain, the devil! Meeting him is always pernicious to one's health but our visit could deprive even him of calm and indifference, much needed in his position. Do you understand, Miss Felicya? He cares about the health of our lady, peace for our Staś... Oh, Jesus, Jesus!'
Miss Felicya bowed her head in silence.
'Who knows' she whispered. 'Maybe there was a bit of truth in it.'
Leoncia outraged.
'And you would give them more legitimacy, Miss Felicya!' she cried. 'And when Staś will be no more and our lady – oh, Holy Mother – is not allowed to at least see him once more before his death to say goodbye, then what will happen? Will it be her occupation till the end of her life to bite and scream that he did not let her do that?'
'Truth', Miss Flicya whispered lowering her head, 'terrible truth...'

Leoncia chciała coś dalej mówić, ale w tej chwili wszedł do pokoju ksiądz prałat.

—Niech panna Leonia pójdzie do pani marszałkowej—rzekł.

Ksiądz prałat Dobszewicz, spowiednik mojej matki i przyjaciel, doradca, duchowny kierownik całej naszej rodziny, był jedną z najbardziej znanych a może najbardziej szanowaną postacią w Kijowie. Jego sucha, ascetyczna twarz o surowym profilu starca i głębokiem, uderzającem chwilami z pod brwi krzaczastych, jak piorun, spojrzeniu, przejmowała czcią nawet tych, u których nie budziłu sympatyi. Święty może trochę więcej na modłę groźnych proroków starego zakonu, niż wedle pełnego słodyczy wzoru Franciszka Salezego lub Wincentego a Paulo, ten stary ksiądz z głębi żmudzkich borów, imponował raczej, niż pociągał. Było w nim jednak bardzo wiele i bardzo głębokiego uczucia, tylko że przez lat tyle stawiając więcej od innych czoło burzy, wgniótł to uczucie w głąb duszy i stał się podobny do granitu, o który odbijają się daremnie, hucząc, szalejąc morskie bałwany i nawałnice. Teraz właśnie musiał na to patrzeć, jak przemoc obca przeciw której przez życie całe walczył z cichą wytrwałością litewską, przykładała siekierę do dzieła całego tego życia. Od dwudziestu lat kapelan. profesor, poniekąd moralny przywódca polskiej i katolickiej młodzieży na tym schyzmatyckim rosyjskim uniwersytecie, stał teraz właśnie wobec najcięższej i najstraszliwszej chwili życia; wobec wyroku śmierci, wydanego na jego katedrę w uniwersytecie i jego ukochaną uniwersytecką kaplicę, patrzeć musiał na całe jedno pokolenie swojej młodzieży, zagrożone zagładą lub wygnaniem, gnijące w więzieniach fortecznych i kazamatach Prozorowskiej baszty.

A jednak i teraz ten stary ksiądz stał nieugięty i niezachwiany, tylko więcej bruzd miał na czole, tylko surowiej i smutniej patrzały siwe oczy z pod brwi ściągniętych.

Zaledwie Leoncia wyszła, zwrócił się do panny Felicyi, całującej jego rękę.

Leoncia wanted to say something more, but at the moment Priest entered the room.

'Miss Leoncia, please go to see the Lady Marshal.' he said.

Priest Dobszewicz, my mother's confessor and friend, counsellor, spiritual head of our entire family, was one of the most famous and perhaps the most respected figures in Kiev. His dry, ascetic face of an old man with a stern profile and deep, striking eyes under bushy eyebrows gave him respect even from those who had no sympathy or warm feelings for him. This priest, maybe a little in the style of the old prophets from a dangerous order, and unlike the style full of sweetness that Francis de Sales or St. Vincent de Paul had, this old priest from the depths of Samogitian forests, was impressive rather than friendly. There were, however, very deep feelings in him, since for so many years he has stood in the face of the storm and he squeezed those feelings into his soul which has hardened to the granite that stops raging storms and rains as it stands unmoved. Now he had to look on the violence which he fought against all his life with the quiet persistence of a Lithuanian, as it took an axe to his whole life's work. For twenty years the chaplain, professor and the moral leader of Polish and Catholic youth in this schismatic Russian university was now in front of the heaviest and most terrible moment in life, the death sentence issued at his department at university and his beloved university chapel and he had to look at the whole a generation of his young pupils threatened with extinction or exile, rotting in prisons and dungeons of Prozorowski tower-fortress.

But the old priest stood strong and unwavering, he only had more wrinkles on his forehead, only his eyes gazed more severely and sadly from under his eyebrows.

Just as Leoncia came out he turned to Miss Felicya, kissing her hand.

—Czyście przygotowały co potrzeba do nabożeństwa? Pewnie zapomniałyście w tym waszym smutku i kłopocie.

Panna Felicya klasnęła w dłonie.

—Prawda, zawołała. Na śmierć zapomniałam. Ale wszystko jest w domu. Tylko urządzić trzeba. Zaraz się tem zajmę. Proszę okna od ulicy zasłonić, żeby kto nie podpatrzył i nie doniósł.

Był w tych czasach pełnych klęski i grozy zwyczaj w Kijowie, że ilekroć większe niebezpieczeństwo groziło jednemu z fortecznych więźniów, a tem bardziej, jeżeli którego z nich skazano na śmierć, rodzina i przyjaciele nieszczęśliwego zostawali przez całą dobę i więcej, aż do rozstrzygnięcia sprawy iub do wykonania wyroku, na wspólnej, nieustannej modlitwie. Od wczesnego rana zbierano się w kościele, gdzie wszystkie Msze święte ofiarowane bywały na tę intencyę. We łzach, krzyżem leżąc, słuchały nabożeństwa matki, żony, córki tych, na których wydawano właśnie wyrok śmierci lub Sybiru. Gdy Msze się pokończyły, u rodziny w pomieszkaniu urządzano pokryjomu ołtarz, przed którym, zmieniając się kolejno, klękali znajomi i bliżsi, a nawet dalecy i nieznani, złączeni tylko braterstwem współczucia, które w tych smutnych dniach było jedynym jaśniejszym promieniem dla serc zbolałych i wspólnym, potężnie wszystkich zespalającym węzłem.

Panna Felicya, z pomocą Leonci i ciotki Anieli, ustawiała w małym, ciemnym gabineciku obok sypialni ołtarzyk. Na białym obrusie, pomiędzy sześciu woskowemi świecami, jaśniała złota szata Berdyczowskiej Bogarodzicy, a przy niej poczerniały srebrny relikwiarz, który pradziad miał z sobą pod Wiedniem. Tymczasem drzwi od przedpokoju nie zamykały się. Ciągle ktoś wchodził i, nie zatrzymując się, spieszył do improwizowanej kaplicy.

'Did you prepare everything for the prayer? You probably had forgotten it in all the sorrow and troubles.'

'Right,' she cried. 'I forgot completely. But everything is in the house. One only has to bring it. I will immediately take care of it. Please cover the windows from the street side, so no one sees and reports us.'

There was a habit in Kiev, in such a time of disaster and terror, that whenever a great danger threatened one of the fortress prisoners and all the more if one had been sentenced to death, his family and friends stayed for a day or more, until the resolution of the case or the execution, in a state of constant prayer. In the early morning they would gather in the church, where all the masses were offered to this end. In tears, lying face down on the floor, mothers, wives, daughters of those who were sentenced to death or Siberia listened to prayers. When prayers ended in family's house an altar was secretly arranged before which knelt friends and relatives and even distant and unknown people united only in brotherly compassion that in these sad days was a light for aching hearts and powerfully united all who suffered.

Miss Felicya, with the help of Leoncia and aunt Angela, was setting the altar in a small, dark study next to the bedroom. On a white tablecloth, between six candles glowed the gold robe of the Mother of God, and by the robe a blackened silver reliquary that our ancestor had with him in the battle of Vienna. Meanwhile, the door to the hallway would not close. There was always someone walking in who would hurry to the improvised chapel without stopping.

IV.

Na palcach, po cichu wcisnąłem się do sypialni. W swoim wielkim fotelu koło łóżka siedziała mama. Zdawało się, że śpi, bo oczy miała pół przymknięte, nieruchome, jakby martwa, bez jednej kropli krwi. Prałat stał koło niej, trzymając w rękach dłoń jej zwisła bezwładnie na poręczy. Babcia podkomorzyna siedziała obok nachylona, wpatrując się w tę biedną twarz, z której zdawało się, że życie uciekło. Leoncia stała w głowach, nacierając jej skronie jakimś płynem. U kolan klęczała wnuczka babci podkomorzyny, kuzynka Anusia, w grubej żałobie po ojcu, którego przed trzema miesiącami Murawiew powiesił w Wilnie.

Patrzałem przestraszony, milczący, z rozwartemi szeroko oczyma. Rozumiałem już wszystko: tyle już słyszałem i widziałem od przybycia naszego do Kijowa! Staś, brat mój jedyny, skazany był na śmierć i jutro, jutro już miano wykonać na nim wyrok, jak przedtem wykonano na Zielińskim, Podlewskim, Rakowskim i tylu innych.

Ksiądz mię zobaczył w tej chwili. Musiała mu jakaś myśl wpaść do głowy, bo przez minutę stał patrząc na mnie z wahaniem, potem chwycił mnie za obie ręce i przyciągnął do matki, a raczej poprostu rzucił na jej kolana.

—Masz pani jeszcze jedno dziecko, pani Kazimiero, rzekł do niej. Przyjdź do siebie, panuj nad twoim bólem, szanuj życie, bo ono dla niego potrzebne.

Słowa te zbudziły mamę z odrętwienia. Poruszyła rękami, wyciągniętemi przed siebie, szukała mnie przez chwilę, jak przez sen, ale kiedy płacząc głośno przytuliłem się do niej, odepchnęła mnie.

—To nie on, zawołała rozdzierającym głosem; to nie Staś mój! Gdzie tamten, gdzie mój pierworodny, najdroższy, jedyny? Puśćcie mnie do niego, puśćcie, nie trzymajcie! Niech choć mury zobaczę, w których go więżą—niech zobaczę ludzi, którzy go strzegą. Niech mi choć

IV.

I quietly walked into the bedroom. My mother was sitting in her big chair beside the bed. She seemed to be asleep, because her eyes were half-closed and motionless as if she was dead without a single drop of blood. The prelate stood beside her, holding her hand that lied limply on the railing. Grandmother sat beside her, staring at this poor face which seemed to have lost its life. Leoncia stood near her head, rubbing her temples with some liquid. Near her knees stood grandmother's granddaughter, cousin Anusia, in mourning for her father, who was hung in Vilnius three months ago.

I looked scared, silent with my eyes wide open. I understood it all: many things I have heard and seen since our arrival in Kiev! Staś, my only brother, was sentenced to death and tomorrow, tomorrow already, in the name of law and order he will be executed just like Zieliński, Podlewski, Rakowski and so many others before him.

The priest saw me at this moment. He must have lost his thoughts, because for a minute he just stood there looking at me hesitantly but then he grabbed me with both hands and pulled me towards mother, or rather just threw me on her knees.

'You have yet another child, Miss Kazimiera.' he said to her. 'Grip yourself, prevail over your pain and respect life, because he needs it.'

These words woke mother from her numbness. She moved her hands, stretched ahead, looked at me for a moment as if she was in a dream but when I hugged her, she cried aloud and pushed me.

'It's not him!' her voice cried. 'this is not my Staś! Where is my first born, my dearest, my one? Let me go to him, let me go, do not hold me! Let me see the walls of his prison - let me

popatrzeć na niego dadzą—choć raz jeden do serca przycisnąć... O, puśćcie mnie przez litość!

Na miłosierdzie Boże, uspokój się pani,—rzekł ksiądz, wstrzymując ją i sadzając szamocącą się konwulsyjnie w fotelu. W Petersburgu ambasadorowa jeszcze raz miała cesarzowę błagać o łaskę. Pan Ksawery siedzi od rana w biurze telegraficznem—może przyniesie lada chwila wiadomość...

Mamie wzrok rozjaśnił się.

—Więc macie jeszcze nadzieję?—zawołała—więc jeszcze jest ratunek?

—Bóg wielki,—rzekł ksiądz—do ostatniej chwili ufać i spodziewać się trzeba.

Mamie głowa opadła znów na piersi.

—Nie,—odparła ponuro—daremno. Serce mi mówi, że daremno. Żadnego nie ułaskawiono, nie ułaskawią i jego... Oni go już nie puszczą ze szponów swoich. Wypiją krew ciepłą z pod jego serca, jak kruki, i nie uśmiechną się już do mnie usta kochane, które w kołysce jeszcze śmiały się, ile razy schylałam do nich głowę, i zagasną oczy takie jasne, takie śliczne, moje, gwiazdy, oczy mego Stasia... i ja go już nie zobaczę nigdy, nigdy!..

—Gdybyś go nawet nie zobaczyła na ziemi, zobaczysz w niebie, gdzie na ciebie czekać będzie u Boga,—rzekł ksiądz poważnie.

Ona głową potrząsła.

—W niebie—wiem, wiem, ufam w to, ale widzi ksiądz, to tak daleko... a żyć trzeba będzie i życie takie ciężkie, takie długie... A jak żyć bez Stasia? Ksiądz nie wie, nie rozumie mnie, ksiądz może mnie oskarża o brak wiary, o brak rezygnacyi. Ale nie—ja we wszystko wierzę, ja nie buntuję się... Ale ja matka a on, on moje dziecko ukochane, moje pierwsze... I oni mi go chcą wziąć, wziąć na zawsze. I nawet nie dadzą oczom moim spojrzeć na niego, nie dadzą sercu przytulić go po raz ostatni! A ja go przecie pod tem sercem

see the people who guard it. Let me just have a look at him – hold him to my heart just once... Oh, let me go, pity me!'
'At the mercy of God, calm yourself,' the priest said, holding her and sitting her in the chair. The ambassador's wife, in St. Petersburg, meant to ask the Empress for mercy once more. Mr Ksawery has been sitting in a telegraph office since this morning and he could bring a message at any moment...'
Mother's eyes brightened.
'So you still have hope?' she exclaimed, 'so there is still chance of a rescue?'
'God is great' the priest answered 'until the last minute one has to trust and wait.'
Mother's head fell on her chest again.
'No,' she replied grimly. 'it's all in vain. My heart says that it's all in vain now. None has been pardoned and neither will he... They will not let him go from their claws. They will drink his blood from his warm heart like ravens and my beloved lips will not smile again, lips that smiled in the cradle every time my head bent down to them, and his eyes will go out, so bright, so pretty, my stars, my eyes, my Staś...and I'll never see him never, never again!'
'Even if you never see him on earth, you'll see in heaven, where he will wait for you with God.' the priest said seriously.
She tossed her head.
'In heaven — I know, I know, I trust in it, but you see, father, it is so far...and one has to live and life will be so hard, so long... And how can I live without Staś? A priest doesn't know, you don't understand, you may accuse me of lack of faith, of resignation. But no – I believe in everything, I do not rebel... But I am a mother and he is my beloved child, my first born... And they want to take him from me, take him for all eternity. And they won't even let me see him, they won't let my heart hug him for the last time! And I carried him under

nosiłam, ja życie włożyłam w to dziecko moje i teraz... Staliśmy wszyscy bez ruchu, tłumiąc łkanie. Ona siedziała nieruchoma także, z oczyma wpatrzonemi w dal. W ciszy głos jej bezdźwięczny i głuchy rozlegał się, jak jęk rozbitego dzwonu.

—Ksiądz może nie wie, czem dla mnie było to dziecko. Mój Eustachy, kochany, najlepszy—ojcem mógł być dla młodej dziewczyny, gdy mnie wiódł na kobierzec. Przytem gospodarstwo, interesa, urząd. Gościem był w domu. Kiedy wpadł na chwilę, rzucał mi przelotną pieszczotę—i znów byłam samą. Węzła między nami brakło: nie było dziecka. I szły lata samotne i bardzo smutne. Więdło mi życie, więdło serce. I myślałam, że już tak zawsze będzie, że na mojej drodze nigdy już słońce nie zabłyśnie. Aż wreście—Bóg mi dał jego...

Urwała i przez kilka minut milczała, wyczerpana. Słuchaliśmy, wstrzymując oddech.

Zaczęła znowu.

—Nie spodziewałam się już dzieci; kiedy miał przyjść na świat, pewni byli wszyscy, że przyjdzie nieżywy. Kiedy się ocknęłam po długiej nieprzytomności i ty sama, ciociu, podałaś mi go do rąk, wierzyć nie chciałam, że on mój, że żyje. Cóż dziwnego, że to dziecko, wyglądane tak długo i daremnie, w końcu poprostu darowane mi przez Boga, pokochałam goręcej, namiętniej, niż się zwykle kocha, niż się może kochać godzi. Tem bardziej, że dziecko to stało się węzłem między mną a Eustachym i że przez tyle lat pozostało jedynem...

—...Od urodzenia Stasia zmieniło się u nas wszystko. Maleństwo w kolebce stworzyło w domu naszym ognisko, rodzinę, małżeńską miłość. Teraz dopiero poznałam Eustachego, jakim był i wiele był wart, teraz dopiero i on mnie pokochał. Młodsze dziatki umierały jedno po drugiem, zaraz po urodzeniu. Tem potężniej rosło przywiązanie do tego jedynego, którego Bóg nie odbierał. A przytem —jak on umiał na to przywiązanie zasłużyć!

Ksiądz skinął głową i ręką po oczach przesunął.

my heart, I put life in my child and now...'
We were all standing still, stifling sobs. She also sat motionless, her eyes looking in the distance. In the silence her soundless and deaf voice was like a broken bell groan.
'The priest might not know what was my child to me. My Eustachy, beloved, best, he might had been a father for a young girl when he took me to the altar. He also had a business, offices. He was a guest in the house. When he would come for a while, he threw me a fleeting caress and then I was alone again. We lacked glue: there was no baby. And years went by, lonely and very sad. My life withered, my heart withered. I thought that it will always be like that, that sun will never shine. Until finally - God gave me him...'
She paused and was silent for a few minutes, exhausted. We listened, holding breath.
She started again.
'I didn't expect to have children; when he was to due into the world, everybody was confident that he would be still-born. When I woke up after a long bout of unconsciousness and you, aunt, you put him in my hands, I couldn't believe that he was mine and was alive. It is no wonder that this child, expected in vain for so long, in the end just given to me by God, I loved more fervently and more passionately than one usually loves, than is appropriate. All the more that the child has become a hub between me and Eustachy, and that for so many years it remained my only child...'
'Staś's birth changed everything. A baby in the cradle changed our home in a fireplace, into family and marital love. Only now I met Eustachy, and saw how much he was worth, only now he loved me. Younger children died one after the other, immediately after birth. And my devotion to this one grew more powerful, which God did not take from me. And besides, he deserved my devotion!'
The priest nodded and ran his hand over his eyes.

—Znam go przecie, szepnął miększym, niż zwykle głosem. Uczniem był moim aż do chwili... uczniem ukochanym.

Mama poruszyła się nerwowo.

—Nie znasz go ksiądz—przynajmniej nie tak, jak ja. Nikt nie zna tak dziecka, jak matka... Czyś przeczuwał nad nim połowę nocy jego dzieciństwa? Czyś wpatrując się ze drżeniem na jego twarzyczkę wybladłą od choroby lub spieczoną gorączką, modlił się do Boga, żeby twoje życie wziął w zamian za gasnące w twych oczach życie twego dziecka? Czyś śledził za każdym jego ruchem, za każdem słowem, za budzącą się myślą w jego głowie, za uczuciem, rozkwitającem jak kwiat wiosenny w tem małem serduszku? Nie—cudze dzieci miałeś tylko, księże; nie mów więc, że znasz, że kochasz, jak właśnie zna i kocha matka!

Zamilkła, wyczerpana wybuchem. Ksiądz nie odpowiadał nic—tylko znów ujął rękę jej w obie dłonie.

Po chwili zaczęła innym, miękim, przyciszonym głosem:

—Pamiętam, był jeszcze taki malutki, ledwie zaczynał biegać i szczebiotać, przyszli do nas żołnierze. Wojsko w marszu zatrzymało się na odpoczynek. Na obiedzie byli oficerowie, na dziedzińcu muzyka, bębny i śpiewacy. Maleństwo przeraziło się wrzasku, szczęku broni, mundurów—przytuliło się do mnie i szepcze płacząc: „Mamo, ty mnie im nie oddasz, prawda?" A gdym go uspokajała, prosił dalej: „Ale przyrzekasz, mamo, obiecujesz? Jak Bozię kochasz, nie oddasz mię?" Ja obiecywałam i uspokajałam go i śmiałam się, aby go uspokoić lepiej, a serce ścisnęło mi się strachem i bólem. A jeżeli przyjdzie go oddać im kiedyś, gdy dorośnie? A jeżeli nie będę mogła dotrzymać obietnicy? I przyszło... i trzeba było oddać go, i teraz... teraz oni go wezmą całkiem, nazawsze odemnie i nigdy...

Ksiądz jej przerwał.

'I know him,' he whispered, with his voice softer than usual. 'My student he was until...my beloved student.'
Mother moved nervously.
'You don't know him, father. At least not like I do. No one knows a child like a mother... Have you watched over him through half the nights of his childhood? Have you trembled as you were staring at his little face, faded from the disease or parched with fever, did you pray to God to take your life in exchange for his as it faded away before your eyes? Have you watched his every movement, every word, every thought awakening in his mind, every feeling blooming like a flower in the spring within his small, lovely heart? No – you had other people's children not yours, Father, so do not say that you know, that you love just as his mother knows and loves!'
She paused, exhausted from her explosion. The priest did not answer - but again, he took her hand in both of his.
After a while she began with different, soft, hushed, voice:
'I remember when he was still so tiny, had barely started to run and chatter when they came to us, the soldiers. The army on the march stopped to rest. At dinner there were officers and in the courtyard we heard music, drums and singers. The baby was scared of the screams, of the clash of weapons and the uniforms – and he hugged me and whispered, crying: 'Mum, you won't give me to them, right?' And when I calmed him, he asked further: 'But do you promise, Mum, do you promise? On love of God, you won't you give me away?' I promised and reassured him and laughed to calm him and my heart took in my fear and pain. And what if I had to give him back to them once, when he grows up? And what if I break my promise? And it came to pass...and we had to give him, and now...now they will take him whole, forever away from me and never...'
The priest interrupted her.

—Duszy mu wziąć nie potrafią. Ciało gnębić, to im wolno, zabić nawet wolno, ale duszę śmierć wyswobodzi. Wróci do niebieskiego Ojca, jak motyl, zrzucający osłony poczwarki, jak orzeł, lecący do światła, wróci omyta w krwi męczeńskiej—po nagrodę.

—A ja—zawołała—a ja co zrobię? A mnie jak żyć bez niego?

Ksiądz spojrzał na nią surowo.

—Czy jego kochasz, czy siebie w nim?—zapytał.—Żal ci go dla ojczyzny, dla Boga? To życie tak krótkie, czyste jeszcze i niewinne, mające się spalić w ogniu ofiary, chciałabyś widzieć zbrudzone nędzami życia, złamane zawodami i cierpieniem, kończące się bez chwały i pożytku? A może taki byłby los Stasia. A teraz...

—A teraz oni mi go zamęczą, zabiją!

—Bóg ofiar żąda na przebłaganie swego gniewu. Każda ofiara, a zwłaszcza niewinna, zbliża godzinę łaski i przebaczenia, przeważa szalę sprawiedliwości... Nie żałuj jej, poświęć syna, poświęć serce własne... To wola Boża. To ofiara dla odkupienia wielu...

Przez chwilę trwało milczenie.

—Wiem o tem, zaczęła wreszcie matka moja cicho.—Wiem, że Bóg żąda ofiary odemnie, wiem, że trzeba ją przynieść, że bunt daremny. Ale ciężko, serce się rwie. Chciałoby się powiedzieć: bądź wola Twoja, a nie mogę, nie mogę...

—A przecie trzeba—rzekł ksiądz.—Trzeba. Crześcijanką jesteś.

—Jestem, chcę być... chcę się poddać. Ale w tem jednem... O dziecko mi chodzi—o Stasia mego!

—On także modli się w tej chwili. Ksiądz Osmólski jest przy nim, jak ja przy pani. Ale on pewnie się nie buntuje.

'They can't take his soul. They are allowed to harm his body, to kill, even to kill slowly, but the soul will be set free by death. It will return to the heavenly Father like a butterfly, like an eagle flying to the light his soul will come back washed in martyr blood – for his prize.'
'And me' she cried. 'And what will I do? Tell me how to live without him!'
The priest looked at her sternly.
'Do you love him or herself in him?' he asked. 'Do you pity him for his country, for God? This life, so short yet pure and innocent, designed to burn in the fire of sacrifice would you rather like to see dirty with miseries of life, broken with failures and suffering, ending without glory and goodness? And maybe this would be the fate of Staś. And now...'
'And now they will torture him to death!'
'God demands atonement to overcome his anger. Every victim, especially the innocent, approaching the time of grace and forgiveness moves the scales of justice... Do not regret, sacrifice your son and give your own heart... It is the will of God. It's a sacrifice for the redemption of many...'
For a moment, silence continued.
'I know this' my mother finally began, quietly. 'I know that God demands sacrifices from me. I know that you have to sacrifice it, that rebellion is futile. But it is hard, it tears my heart into bits. One would like to say: Thy will be done, but I can not, I can not...'
'And you have to.' the priest said. 'You're a Christian.'
'I am, I want to be... I want to surrender. But on this... This is my baby I'm talking about, my Staś!'
'He is also praying at this moment. Father Osmólski is with him, as I am with you. But he probably doesn't rebel.'

—On? Staś mój? O nie! On odważny. On zawsze mówił, że zginąć chce w bitwie, od moskiewskiej kuli. I teraz, nie w bitwie, nie... ale od kuli... O Boże, Boże!

—Zwróć się do tego Boga, przed którym on teraz się korzy! Złącz się z nim. On zrezygnowany, posłuszny idzie w jasną drogę, ku Bogu. Chcesże rozłączyć się z nim na wieki, kobieto słabego serca? On teraz powtarza słowa modlitwy Pańskiej, a ty—nie potrafisz go naśladować. Mówiąc to ukląkł, nie puszczając jej ręki. Klęczeliśmy wszyscy. W ciszy głuchej głos starego księdza zaczął się rozlegać powolny, doniosły. Towarzyszył mu głos kobiecy.

—Ojcze nasz, któryś jest w niebiesiech...
Słowa płynęły jedne za drugiemi i urwały się.

—Bądź wola Twoja—powtórzył ksiądz. Matka moja pochyliła głowę ku ziemi i milczała przez chwilę, oddychając ciężko. Wreszcie podniosła do góry twarz bardzo bladą, ale dziwnie spokojną.

—Bądź wola Twoja—rzekła powoli.

V.

Świece się paliły, migocąc żółtymi płomykami i rzucając w czarne zakątki pokoju błyski swoje niepewne i drżące.
Noc jeszcze była—ale od okien, przez muślin zapuszczonych firanek, przedzierać się zaczynała ta niewyraźna szarość, bladawa i smutna, która poprzedza późny, jesienny poranek. Od czasu do czasu jedna z kobiet klęczących lub leżących krzyżem, wstawała z ziemi i sennym, chwiejącym się krokiem przesuwała się przez pokój pełen cieniów, sama do czarnego cienia podobna. Cicho było. Czasem dawał się słyszeć szept modlitwy lub przez drzwi, uchylone do przyległego salonu, dochodził na chwilę szmer półgłosem prowadzonej rozmowy.
Obudziłem się przed kilku minutami. Spłakany i znużony zasnąłem po północy niespokojnym snem, w kącie sofy narożnej i teraz, napół

'Him? My Staś? Oh, no! He is brave. He always said that he wants to die in battle, by Moscow's bullet. And now not in battle but with a bullet...oh, God, God!'
'Turn to God, before whom he now bows! Merge with him. He is resigned, he is obediently walking clear path towards God. Will you part with him forever, woman of weak heart? Now he is repeating the words of the Lord's Prayer and you - you can not follow him.'
Saying this he knelt, not letting go of her hand. Everyone knelt. In the silence the voice of an old priest began to be heard, slow and resonating. He was accompanied by a female voice.
'Our Father, who art in heaven...'
The words flowed one after another.
'Thy will be done' the priest repeated. My mother lowered her head and was silent for a moment, breathing heavily. Finally she picked up her face, pale but strangely quiet.
'Thy will be done' she said slowly.

V.

The candles were burning, twinkling with yellow flames and throwing uncertain and trembling flashes into corners of the room.
It was still night but the dilapidated muslin curtains on the windows began to wade into indistinct grey, a pale and sad colour that precedes late autumn morning. From time to time one of the women, who were kneeling or lying face down, got up from the ground and with a sleepy, wobbly step moved through a room full of shadows, herself like a black shadow. It was quiet. Sometimes one could hear whispered prayers or through the open door to the adjacent living room came a quiet murmuring of a conversation.
I woke up a few minutes later. Weeping and tired I fell asleep after midnight with restless dreams in a corner of the sofa and now, still

senny jeszcze i niezupełnie przytomny, patrzałem na ten dziwny i dziwnie posępny obraz.

Szukałem mamy. Leżała krzyżem, tak jak ją widziałem przed kilku godzinami, nimem zasnął. Koło niej klęczały ciocia Aniela i panna Felicya.

Tak samo jak wieczorem, nieruchoma w swoim fotelu, z twarzą wyschłą jak pergamin i z rozwartemi szeroko oczyma bez blasku i życia, babcia Justyna siedziała przy samym ołtarzu, podobniejsza do woskowej figury, niż do żyjącej istoty. Ręce tylko, niedotknięte paraliżem, poruszały się wolno, mechanicznie przesuwając różaniec i od czasu do czasu w ciszy nocnej, głos jej rozbity i bezdźwięczny, dobywający się z głębi piersi, jakby z podziemnej otchłani, rozlegał się po pokoju surowemi, smętnemi słowami psalmu. Było coś bardzo przejmującego i coś strasznego zarazem słyszeć tę staruszkę, dla której zagasły światła i przestały brzmieć wszystkie głosy ziemi, wołającą z prorokiem do Pana Zastępów, naprzemian o miłosierdzie i o pomstę:

„Dopókiż Panie będziesz zapominać o mnie i twarz Twą odemnie odwrócisz? Dopókiż wróg mój będzie się podnosić nademną?

„Którego usta pełne są goryczy i zdrady, który zasadzki tajemnie czyni z możnymi, iżby zamordowali niewinnego?

„Ale Pan rozprasza zamiary pogan i myśli narodów potępia.

„Albowiem wejrzał z wysokiej świątnicy Swojej, aby wysłuchał wzdychania więźniów, aby rozwiązał syny pomordowanych.

„Na słowo Jego czekała dusza moja, nadzieję miała dusza moja w Panu".

Niestety! Dla Stasia nie było już nadziei, nie było jej przynajmniej na ziemi...

W tych cieniach, słabo rozświetlonych posępnymi błyskami gromnic, zrobiło mi się naraz okropnie. Wyobraziłem sobie, że te ciemne postacie, pochylone na podłodze, to szereg trupów, okrytych całunem i że babcia Justyna, ze swoją woskową i nieruchomą twarzą, to także

sleepy and not quite awake yet, I was looking at this strange and gloomy picture.

I looked for mother. She was a lying face down just like I had seen her a few hours ago, before I fell asleep. Aunt Aniela and Miss Felicya kneeled beside her.

Just like in the evening, she was motionless in her chair with her face like a dried-up parchment and her wide eyes without sparkle of life, grandmother Justyna sat at the altar looking more like a wax figure than a living being. Only her hands, not yet affected by paralysis, moved slowly, mechanically moving the rosary and from time to time in the silence of the night her voice, broken and soundless, coming from the depths of the breast as if from the depths of the underground, rang with sad, raw words of one of the psalms. It was something very moving and very frightening to hear the old woman at the same time that light went out and sound stopped, shouting at the prophets of the Lord, alternately for mercy and for vengeance:

'How soon, oh Lord, will you be forgetting about me and have You already turned away? How long will my enemy be lifted over me?'

'Whose mouth is full of bitterness and betrayal, who secretly makes ambushes with lords to murder the innocent?'

'But the Lord sees through thoughts and intentions of the heathen and condemns their nations.'

'For he has looked from His high Sanctuary to hear the groans of the prisoners to make peace with the murdered children.'

'For His word has burdened my soul; my soul had hope in the Lord.'

Unfortunately! For Staś there was no hope, at least not on earth...

In these shadows, dimly illuminated by flashes of votive candles, I felt awful. I imagined that these dark figures bent on the floor are a series of corpses, covered with shrouds and grandmother Justyna with her wax and immobile face is also dead and her loud

trup, a modlitwa jej głośna, to jakiś straszny głos z za grobu. Zerwałem się, szlochając, i poomacku, uderzając o meble i potykając się, pobiegłem do salonu. We drzwiach zatrzymała mnie Leoncia.

—Panna Felicya tam jest? spytała szeptem.

—Jest... Nie... nie... wiem... Ja się boję tam... Ja nie chcę... I czepiałem się, szlochając, jej sukni.

—Niech Janio mi się zabiera stąd ze swymi płaczami, syknęła przez zaciśnięte zęby. Takie nieszczęście, a on się maże. Także czas sobie wybrał!

I odtrącając mnie, zawołała po cichu przez drzwi uchylone na pannę Felicyę.

W salonie paliło się kilka świec i lampa na dużym stole, na którym stał dymiący samowar wraz z przyborami do herbaty.

Kilka osób skupiło się razem w przeciwnym końcu pokoju, dokoła wuja Ksawerego, który widocznie tylko co przyszedł, bo mokre futro miał jeszcze na sobie i czapkę w ręku.

Panna Felicya podbiegła w tej chwili do niego.

—Co, telegram? zawołała: z Petersburga? jest nadzieja?

Wuj Ksawery był bardzo poważny a blady jak płótno, on, z którego policzków tryskała zwykle krew i wesołość aż biła. Wąsy mu się nawet opuściły na dół, a ręka trzęsła się, gdy zmięty papier podawał pannie Felicyi, nic nie mówiąc.

Ta wyrwała mu go z ręki i przez chwilę próbowała go czytać.

—Nie mogę, zawołała wreszcie. Łzy nie dają.

—Daj mnie, rzekła babcia podkomorzyna.

I po cichu, szeptem, ale wyraźnie przeczytała słów kilka.

Nie pamiętam dziś ich treści—i po co? Dość, że ambasadorowa, zajmująca się w Petersburgu uratowaniem Stasia, donosiła swojej przyjaciółce księżnej, w pokrytych słowach, że wszyskie zabiegi chybiły, i że prywatną audyencyę, o którą prosiła w tej sprawie, naznaczono jej... na czwartek po południu.

prayer is some terrible voice from the underworld. I jumped up, sobbing and blindly hitting the furniture and I ran into the living room. Leoncia stopped me at the door.
'Is Miss Felicya there?' she whispered.
'Yes...no...no...I don't know...I'm afraid there... I don't want...'
I clung to her dress, sobbing.
'Go away with your cries, Jan, she hissed through clenched teeth. Such a tragedy, and he weeps like a baby. What a time to choose!'
And she pushed me, and called Miss Felicya through the door.
The living room was lit by a few candles and a lamp on a large table on which also stood a kettle with some tea utensils.
Several people grouped together at the opposite end of the room, around uncle Ksawery, who apparently had just came in because he still had wet clothes on and held a hat in his hand.
Miss Felicya ran towards him instantly.
'A telegram?' she called. 'From St. Petersburg? Is there hope?'
Uncle Ksawery was very serious and as pale as a sheet; he, who usually had red cheeks shining with joy. Even his moustache was down and his hand was shaking when he gave a crumpled piece of paper to Miss Felicya, saying nothing.
She snatched it out of his hand and for a moment tried to read it.
'I can't!', she cried finally. 'Tears won't let me.'
'Give it to me.' said grandmother.
I quietly but clearly heard her whispering as she read a few words.
I do not remember their content today - and why would I? Enough that the Ambassador's Wife, busy with her attempt to rescue Staś in St. Petersburg, reported to her friend the Duchess, in opaque terms, that all attempts had failed and that a private audience that she asked to have regarding this case was scheduled on Thursday afternoon.

A czwartek to byl dziś... I dziś rano miano wykonać wyrok.
Przez długą chwilę trwało milczenie. Tyle łez płynęło już w tych dniach ostatnich, że źródło ich wyschło. Stali wszyscy nieruchomi i cisi, oczu nie podnosząc i konwulsyjnie zaciskając dłonie.
Zegar ścienny zaczął powoli wybijać godzinę.
Wuj Ksawery podniósł nagle głowę, jak człowiek budzący się ze snu.
—Szósta, szepnął. Ależ to przecie... o tej godzinie...
—Jezus, Marya! jęknęła panna Felicya; o tej godzinie, w tej chwili... I nie kończąc, wbiegła do drugiego pokoju i z łkaniem rzuciła się twarzą na ziemię, przed ołtarzem.
Jedni za drugimi—wsunęli się za nią wszyscy. Wuj Ksawery ukląkł przy progu na obydwa kolana, pochylił się tak, że czołem prawie dotykał posadzki i zaczął głośno szlochać.
Dzień się robił mglisty, żałobny, ołowiany. Smugi białego światła szły przez okna, kłócąc się z żółtem światłem świec woskowych i bladym twarzom nadając trupią barwę. Klęczeliśmy wszyscy, milcząc. Czasem tylko urywane łkanie, jęk lub głośniejsze słowo modlitwy przerywało ciszę.
Mama leżała ciągle krzyżem, nieruchoma, jakby umarła.
Nie wiem, jak długo to trwało. Wreszcie skończyło się.
Na ulicy rozległ się turkot, potem słychać było głośne kroki na schodach w przedpokoju. Ktoś wszedł i zatrzymał się w jadalnej sali, jakby wahając się.
Z nas nikt się nie ruszył. Klęczeli wszyscy dalej—tylko zrobiło się zupełnie cicho. Serca poprostu przestały uderzać. Czuli wszyscy, domyślali się wszyscy, że kroki te znaczą coś strasznego. Zbliżało się, nadchodziło... Przeznaczenie. Ale nikt nie miał odwagi wyjść na jego spotkanie.
Czekaliśmy. Drzwi wreszcie otwarły się.

And Thursday was today... And the execution of the judgement was to take place in the morning.

Silence continued for a long moment. So many tears have flowed in these latter days that the source had dried up. They all stood motionless and silent, without raising eyes and their hands clenched convulsively.

The aall clock slowly began to mark the hour.

Uncle Ksawery suddenly raised his head, like a man waking up from sleep.

'Six,' he whispered. 'But it is now...at this time...'

'Jesus, Mary!' moaned Miss Felicya, 'at this time, at this moment...'

And without ending she ran into the other room and threw herself, sobbing, face down on the ground in front of the altar.

One after the other, they all slipped in behind her. Uncle Ksawery knelt on both knees on the threshold, leaned forward so that his forehead almost touched the floor and began to sob loudly.

The day turned misty, mournful like lead. Streaks of white light passed through the windows arguing with yellow lights of candles and giving colour to deathly, pale faces. Everyone knelt in silence. Sometimes only a sob, a louder groan or a word of prayer interrupted the silence.

Mother was lying face down, motionless as if she was dead.

I do not know how long it took. But finally it ended.

There was a rattle on the street and then you could hear loud footsteps on the stairs in the hallway. Someone came in and stopped in the dining hall as if hesitating.

None of us moved. Everyone kept kneeling – it just became completely silent. Hearts just stopped beating. They all felt, we all guessed that these steps meant something terrible. It was approaching, coming... Destiny. But no one had the courage to come out to meet it. We waited. The door finally opened.

Na progu stał ksiądz Osmólski, do trupa podobny, słaniający się. Prałat stanął za nim, podtrzymując go.

Mama zerwała się naraz i klęcząc, głowę zwróciła ku wchodzącym. Z ust, spieczonych gorączką, wydarło się jedno słowo:

—Już?!

Ksiądz Osmólski podszedł do niej, trzęsąc się. W rękach wyciągniętych trzymał coś i podawał jej. Był to szkaplerz i krzyżyk z medalikami.

—Kazał oddać... matce... bratu... zaczął urywanym głosem.

—Dziękuj Bogu, córko, ozwał się prałat. Bóg cię uczynił godną tego, że dałaś męczennika ojczyźnie, duszę czystą—niebu. Tam on czeka na ciebie w tej chwili, modli się dla ciebie o poddanie i odwagę.

Mama przez chwilę klęczała nieruchoma z ustami przyciśniętemi do szkaplerza. Byłem tuż przy niej. Przyciągnęła mnie ku sobie i szkaplerz i krzyżyk przycisnęła do moich ust.

Na szkaplerzu były dwie wilgotne, ciemnobrunatne plamy.

—Całuj, czcij, naśladuj... szepnęła. To krew twego brata, krew Stasia. To za Polskę, za wiarę...

I znów zrobiło się cicho. I naraz, w ciszy tej rozległ się głos babki Justyny. Ślepa i głucha, nie brała udziału w tem, co ją otaczało i podczas ogólnego przerażenia, siedziała w swym fotelu nieruchoma i obumarła. Teraz stało się z nią coś dziwnego. Głowa się podniosła, oczy szkliste i martwe rozjaśniły się niezwykłym blaskiem, na twarzy drgnęło życie, a glos nabrał niebywałej mocy. I posłyszeliśmy ją, mówiącą słowa Pisma:

„Jam jest zmartwychwstanie i żywot, a kto we mnie wierzy, nie umrze na wieki."

—Słyszysz—rzekł prałat.—Syn twój żyje! Zmarł jak światy—żyć będzie na wieki!

Priest Osmólski stood on the threshold, corpse-like, upset. The prelate stood behind, holding him.
Mum jumped up at once and her head turned toward the entrants.
From the lips, parched with fever, one word came: 'Already?!'
Priest Osmólski approached her, trembling. In his hands outstretched he was holding something and handed it to her. It was a scapular and cross with a medallion.
'He said to give...to mother...to his brother...' he started in a ragged voice.
'Thank God, daughter,' said the prelate. 'God made you so worthy that you gave a martyr to your country, your soul to pure heavens. There he is waiting for you, praying for you to surrender and have courage.'
Mother knelt motionless for a moment with her mouth pressed to scapular. I was next to her. She grabbed me towards her and pressed the scapular and the cross to my mouth.
On the scapular there were two moist, dark brown spots.
'Kiss, worship, imitate...' she whispered. 'It is the blood of your brother, Staś's blood. It is for Poland, for the faith...'
And it became quiet again. And suddenly, in the silence, grandmother Justyna's voice resounded. Blind and deaf, she did not participate in the events around her and during our terror she sat motionless in her chair and drifted off. Now something strange has happened to her. She raised her head up, her eyes glassy and dead were lit up with a light, on her face a sign of life twitched and her voice acquired an incredible strength. And we heard her saying the words of Scripture:
'I am the resurrection and the life, and he who believes in me shall never die.'
'You hear it' priest said. 'Your son lives! He died as a saint - he will live forever!'

Mama milczała przez chwilę, trzymając twarz w dłoniach. Wreszcie podniosła głowę—i zdziwiłem się, widząc ją tak spokojną.

—Wierzę w to—rzekła cicho—wierzę sercem całem i dziękuję Bogu. On dał, On wziął... Wziął na chwałę Swoją, na ofiarę niewinną... Wola Jego święta. Niech się stanie, jak On chce, nie jak ja.

I znów upadła krzyżem. Nikt już więcej nie otworzył ust—tylko stary ksiądz ukląkł przy ołtarzyku i zaczął mówić głośno: Anioł Pański...

Mother was silent for a moment, holding her face in her hands. Finally, she raised her head - and I was surprised to see her so peaceful. 'I believe,' she said softly. 'I believe with my whole heart and I thank God. He gave, he took... He took for His glory an innocent sacrifice... His Holy Will. Let it be, as He wants not as I wish.'
And again she lied face down. No one opened their mouth again - only an old priest knelt at the altar and began to speak loudly: God's angel...

Also in the Rosetta Series

Chekhov's Short Stories to 1880 (Russian/English) – 9781784351380
The Manifesto of the Communist Party (Russian/English) – 9781909669048
The State and Revolution - 9781784351441
Grimms' Fairy Tales (German/English) – 9781784351427
Metamorphoses (German/English) - 9781909669697
Also Sprach Zarathustra (German/English) – 9781909669796
Jenseits von Gut und Böse (German/English Bilingual Text) - 9781909669239
The Manifesto of the Communist Party (German/English) – 9781909669024
Under the Yoke (Bulgarian/English) - 9781784351106
Il Principe (Italian/English) – 9781909669055
The Social Contract (French/English) – 9781909669079
What is Property? (French/English) - 9781909669253
Persian Letters (French/English) – 9781909669284
Discourse on the Method (French/English) – 9781909669833
Le Horla (French/English) – Kindle - B00F8XAUZE
Den lille Havfrue (Danish/English) - 9781909669277

www.ingramcontent.com/pod-product-compliance
Lightning Source LLC
Chambersburg PA
CBHW031432040426
42444CB00006B/775